INCREÍBLE PERO REAL

Anim

extraños

TIME

Timothy J. Bradley

Consultores

Timothy Rasinski, Ph.D.
Kent State University

Lori Oczkus
Consultora de alfabetización

Tejdeep Kochhar
Maestro de biología de escuela preparatoria

Basado en textos extraídos de *TIME For Kids* y el logotipo de *TIME For Kids* son marcas registradas de TIME Inc. Utilizados bajo licencia.

Créditos de publicación

Dona Herweck Rice, *Jefa de redacción*
Conni Medina, *Directora editorial*
Lee Aucoin, *Directora creativa*
Jamey Acosta, *Editora principal*
Lexa Hoang, *Diseñadora*
Stephanie Reid, *Editora de fotografía*
Rane Anderson, *Autora colaboradora*
Rachelle Cracchiolo, *M.S.Ed., Editora comercial*

Créditos de imágenes: págs.14–15, 18–19, 22 (izquierda), 24–25, 37 (arriba) Alamy; p.18 (izquierda) AP/Corbis; p.22 (derecha) Dreamstime; p.9 (abajo) Getty Images/Photo Researchers, Inc.; p.39 (arriba) Getty Images/Science Faction Jewels; p.9 (ambas del centro) Getty Images/Visuals Unlimited; pp.7 (arriba), 16 (abajo), 26 (abajo), 28–29 iStockphoto; pp.30–31, 34 (arriba), 45 National Geographic Stock; p.36 Caters News Agency/Newscom; p.12 (izquierda) Newscom; pp.9 (arriba), 10 (izquierda), 13–14 (ambas de arriba), 34–36 (todas las de abajo) Photo Researchers, Inc.; pp.38–39 Timothy J. Bradley; todas las otras imágenes Shutterstock.

Teacher Created Materials
5301 Oceanus Drive
Huntington Beach, CA 92649-1030
http://www.tcmpub.com

ISBN 978-1-4333-7094-6

Tabla de contenido

¿Por qué son tan raros los animales? 4

Insectos sorprendentes 6

Mamíferos alucinantes 18

Peces estrafalarios 34

El poder de la adaptación 40

Glosario 42

Índice 44

Bibliografía 46

Más para explorar 47

Acerca del autor 48

¿Por qué son tan RAROS los animales?

La naturaleza puede ser rara. Muy extraña. Muchos animales nos parecen **extraños.** Las jirafas tienen largos cuellos. Los elefantes tienen enormes orejas y largas trompas. Los rinocerontes tienen cuernos afilados. ¡Y estos animales ni siquiera son los más extraños!

¿Qué es lo que hace que algunos animales sean tan raros? Es todo consecuencia de la **evolución**. Las criaturas han de adaptarse para sobrevivir. Algunos animales viven en sitios inhóspitos, como los desiertos o en las profundidades del océano. Con el paso del tiempo, tienen que evolucionar. Desarrollan **adaptaciones** que les ayudan a sobrevivir en este mundo salvaje. Estas adaptaciones nos pueden parecer extrañas, pero estos animales no podrían vivir sin ellas.

PARA PENSAR

1. ¿Qué adaptaciones ayudan a los animales a sobrevivir?
2. ¿En qué modo las condiciones ambientales extremas provocan que los animales evolucionen?
3. ¿En qué modo son los humanos animales extraños?

Insectos sorprendentes

Los **artrópodos** han desarrollado algunas características espeluznantes que les ayudan a sobrevivir. Estos bichos llevan viviendo en la Tierra más de 500 millones de años. Los científicos creen que fueron las primeras criaturas que vivieron en tierra firme. Y ahora se les puede encontrar en casi cualquier lugar de la Tierra.

Los insectos son un tipo de artrópodo. Son **invertebrados**. Tienen un **exoesqueleto**, un cuerpo segmentado y patas articuladas. Todos, desde una araña común hasta un cangrejo son artrópodos. Este grupo de animales incluye algunas de las especies más extrañas de la Tierra.

fósil de artrópodo

Insectos increíbles

Actualmente, el escarabajo Goliat es uno de los insectos más grandes de la Tierra. Tiene, aproximadamente, el tamaño de un ratón de ordenador. Y hace millones de años, ¡luciérnagas de casi dos pies de largo volaban por el cielo!

Mariposa del abedul

Nuestro mundo está en continuo cambio. Y cada criatura debe adaptarse para sobrevivir. La evolución se produce cuando los animales cambian a lo largo del tiempo y aumentan sus oportunidades de supervivencia. La mariposa del abedul pasaba los días descansando en árboles de colores claros. Sus alas negras y blancas se mezclaban perfectamente. Pero la **Revolución Industrial** cambió el mundo. La gente empezó a utilizar más máquinas. Estas máquinas producían contaminación que se expandía en el aire. Los árboles de colores claros pronto se cubrieron de oscuro hollín. La mariposa del abedul necesitó entonces adaptarse a un nuevo ambiente. Algunas mariposas desarrollaron alas y cuerpos más oscuros. Las mariposas más oscuras tenían más facilidad para esconderse de los depredadores. Con el tiempo, solo las mariposas oscuras sobrevivieron. Este cambio no ocurrió de un día para otro. Ha tomado más de 50 años. Pero ha permitido a la mariposa del abedul sobrevivir.

Colores cambiantes

La mariposa del abedul cambió de color de blanco a negro a lo largo de 50 años de evolución. Las mariposas que estaban más adaptadas al nuevo entorno sobrevivieron.

Mantis flor

La mantis religiosa es uno de los depredadores más feroces de la Tierra. Para atacar, espera a que su presa esté cerca. Entonces se mueve a una velocidad sorprendente. Con sus patas giratorias, puede capturar a presas mucho más grandes que ella.

Algunas mantis han desarrollado increíbles formas de **camuflaje**. La apariencia de la mantis flor hace honor a su nombre, (¡parece una flor!). Hay muchas especies de mantis flor. Algunas tienen patas que parecen pétalos de flor. Atraen a abejas que buscan polen. Pero estas abejas se llevan una cruel sorpresa. ¡Las patas con forma de pétalo se cierran de golpe como una trampa de acero!

mantis orquídea rosada

mantis palo

Me llamo *mantis religiosa*. Tengo este nombre porque mis patas delanteras están dobladas. Los humanos dicen que les recuerdo a una persona cuando se arrodilla en el suelo para *rezar*. Pero no lo confundas con *cazar*. La *caza* es un delicioso aperitivo. Es mi tipo favorito.

Los pinchos de las patas ayudan a la mantis a atrapar a su presa.

mantis flor de orquídea

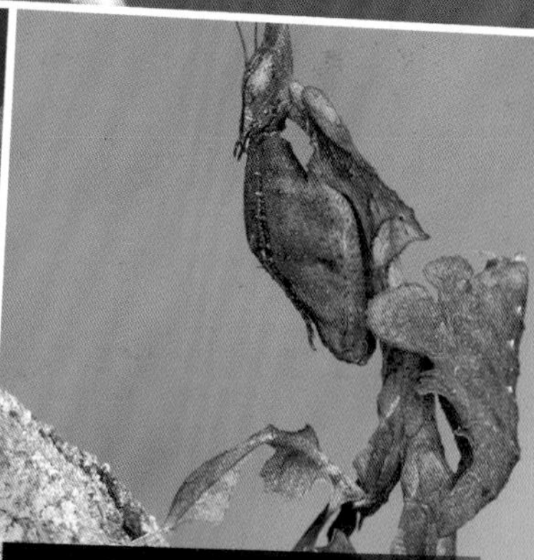

ninfa de mantis fantasma

¡MÁS EN PROFUNDIDAD!

Camuflaje

Los animales pueden ser muy silenciosos y quietos. Pero el camuflaje es la mejor manera para ellos de mezclarse con el entorno. A veces, los animales necesitan esconderse de los depredadores. Otras veces lo hacen para evitar ser vistos por sus presas. Cuando utilizan el camuflaje, los animales llevan ventaja en la carrera por la supervivencia.

La liebre americana es conocida por su pelaje blanco. Durante el invierno se camufla con la nieve. Cuando llega la primavera, se vuelve marrón otra vez.

La raya venenosa esconde su cuerpo gris bajo capas de arena en el agua.

Los humanos utilizan el camuflaje en la guerra. Llevando ropa que se camufla con el color de la tierra, es más fácil evitar a los enemigos.

Algunas criaturas del océano como este nautilo utilizan la **coloración críptica**. Son de color oscuro en la parte de arriba, pero de color claro por debajo. El vientre claro hace que parezca que el sol está brillando a través del agua.

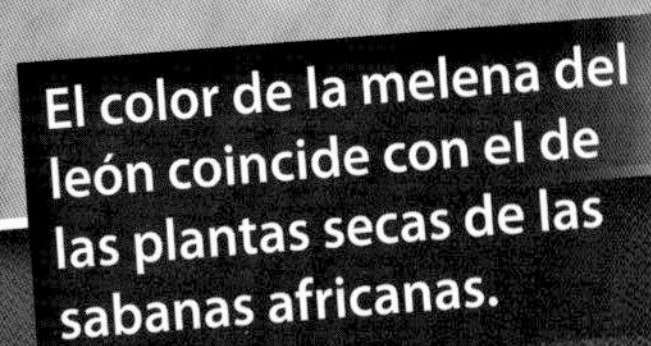

El color de la melena del león coincide con el de las plantas secas de las sabanas africanas.

Milpiés dragón rosado

Algunos artrópodos están camuflados, pero el milpiés dragón rosado no es uno de ellos. Este milpiés de dos pulgadas de largo es de un impactante color rosa. El color brillante no es para esconderse. Al contrario, es una advertencia para los depredadores. El color dice: "mantente alejado". Esta criatura tiene un efectivo mecanismo de defensa contra los depredadores. Cuando se siente amenazado, expulsa **cianuro tóxico**. Los que han estudiado la criatura dicen que huele como las almendras (una señal común de toxicidad en la naturaleza).

¡Veneno!

El cianuro es altamente tóxico para los humanos. Las víctimas han de ser tratadas inmediatamente para evitar la muerte.

¡Atrás!

El **aposematismo**, o el uso de colores de advertencia, se encuentra en muchas criaturas. Un color brillante advierte a los depredadores del mal sabor o del veneno. Los depredadores recuerdan la amarga experiencia y evitan el desagradable sabor en el futuro. Los colores de advertencia son utilizados por muchos tipos distintos de criaturas, como las ranas venenosas.

El milpiés dragón rosado es un descubrimiento reciente. Los científicos lo descubrieron por primera vez en el año 2007.

El gorgojo jirafa

La isla de Madagascar se encuentra en la costa de África. Un extraño y pequeño escarabajo vive allí. El gorgojo jirafa mide poco más de una pulgada de largo. Pero, al igual que la más conocida jirafa africana, tiene un cuello muy largo. Su cuello largo y delgado y sus alas de color rojo brillante lo hacen fácil de identificar. Los machos luchan entre ellos por las hembras utilizando sus cuellos extremadamente largos para luchar los unos contra los otros. Estos minúsculos animales pasan sus vidas en los árboles del bosque.

El cuello de la hembra es casi tres veces más corto que el del macho. Utiliza su cuello para enrollar las hojas en forma de tubo. Pone un huevo dentro del tubo. Después, coloca la hoja que sirve de nido en un lugar seguro, como un agujero de un árbol o en el suelo del bosque.

¡Las jirafas también utilizan sus largos cuellos para luchar!

Insectos sorprendentes

Casi la mitad de todos los insectos conocidos son escarabajos. Muchos escarabajos tienen adaptaciones raras.

Los escarabajos rinoceronte machos tienen enormes cuernos en la cabeza. Los utilizan para luchar contra otros machos.

Algunos escarabajos son metálicos. La luz se refleja en el cuerpo. Esto les ayuda a esconderse entre las plantas.

Los escarabajos tigre son cazadores increíblemente rápidos que pueden correr a más de cinco millas por hora. ¡Eso es como si un humano corriera a más de 510 millas por hora!

Mamíferos alucinantes

¿Escamas? ¿Picos? ¿Patas palmeadas? ¿Poner huevos? Estas no son características habituales de los mamíferos. La mayoría de los mamíferos no ponen huevos; paren crías vivas. La mayoría tienen pelo, no escamas. Y la mayoría de los mamíferos no necesitan patas palmeadas para ayudarles a nadar.

Pero algunos mamíferos han desarrollado raras adaptaciones que les ayudan a sobrevivir. Las adaptaciones que ayudan a los animales a sobrevivir pasan a su **descendencia**. Las adaptaciones que hacen la supervivencia más difícil son menos probable que pasen a las generaciones posteriores.

pangolín

Hecho peculiar

Los humanos son mamíferos. Pero a diferencia de otros mamíferos, hemos evolucionado para caminar erguidos y somos altamente inteligentes.

canguro

panda rojo

Tarsero

Pueden parecer alienígenas. Pero estos pequeños mamíferos están bien adaptados para vivir en las junglas del Sureste Asiático. Son cazadores **nocturnos**. Se alimentan de insectos y otros animales pequeños. Por las noches, los tarseros se llaman los unos a los otros para defender su territorio.

Tienen enormes ojos sensibles. Cada ojo es tan grande como su cerebro. Esos grandes ojos ayudan a los tarseros a cazar en la oscuridad de la noche. Los ojos son tan grandes que no pueden moverlos. El tarsero tiene que mover la cabeza para mirar algo. Sus orejas se mueven constantemente, buscando sonidos de peligro. Los tarseros también tienen unos dedos de las manos y de los pies muy largos, que les ayudan a trepar a los árboles y saltar sobre su presa. La larga cola les ayuda a mantener el equilibrio.

Muchos tarseros son animales en peligro de extinción.

Un tarsero puede rotar la cabeza 180º.

¡MÁS EN PROFUNDIDAD!

Ojos extraordinarios

Dependiendo de dónde viven y de lo que ven, los animales necesitan diferentes tipos de ojos. Nuestros ojos nos ayudan a ver objetos que se encuentran cerca o lejos de nosotros. Algunos animales viven debajo del agua y tienen ojos que solo ven claro u oscuro. Otros animales tienen ojos que ven formas, color, profundidad y movimiento.

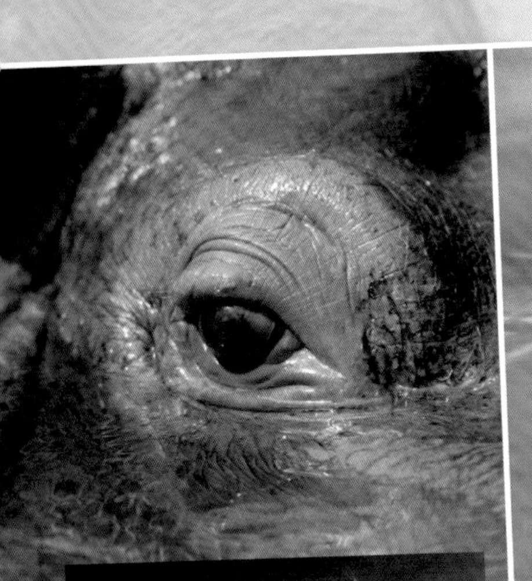

Los hipopótamos ven bien debajo del agua. Una capa clara llamada **membrana** protege sus ojos bajo el agua.

Las ranas tienen ojos saltones encima de sus cabezas. Pueden ver por encima del agua mientras sus cuerpos están debajo de ella.

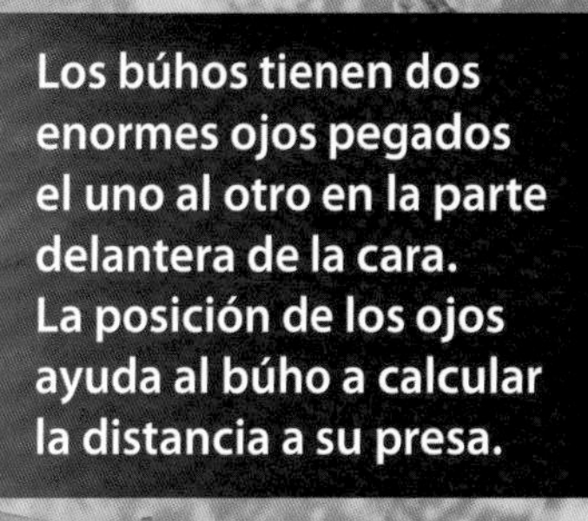

Los búhos tienen dos enormes ojos pegados el uno al otro en la parte delantera de la cara. La posición de los ojos ayuda al búho a calcular la distancia a su presa.

Al igual que otros insectos, las libélulas tienen ojos complejos. Cada ojo tiene casi 30,000 cristalinos.

Los gusanos de tierra tienen ojos que solo pueden percibir la luz y la oscuridad. Esto les ayuda a encontrar la oscuridad, los lugares frescos y a mantenerse alejados del cálido sol.

Pangolín

Los pangolines son los únicos mamíferos con escamas. Están hechas de **queratina**, el mismo material que compone las uñas y el pelo humano. Cuando se sienten amenazados, se enrollan y comprimen en una bola y desprenden un olor desagradable. Los bordes de las escamas son lo suficientemente afilados como para herir a un atacante. Solo la cara y el vientre no están protegidos por escamas.

Estos animales acorazados tienen una larga lengua que es perfecta para **atrapar** hormigas. Sus garras delanteras son tan grandes que las enrollan por debajo cuando andan para no estropearlas. Las sacan cuando llega el momento de asaltar un hormiguero. Utilizan la larga cola para mantener el equilibrio cuando trepan por los árboles. Estas tímidas criaturas tienden a vivir solas.

El nombre *pangolín* proviene de un nombre malayo que significa "rodante".

Es una trituradora

Los pangolines no tienen dientes, pero sí tienen un estómago similar a las mollejas que tritura la comida para digerirla. Tragan piedras pequeñas y arena para ayudar al estómago a desmenuzar la comida. Estos **gastrolitos** no son digeridos. Cuando se vuelven lisos por el uso, los animales los vomitan y vuelven a tragar otros nuevos y más afilados.

Ornitorrinco

El ornitorrinco es un mamífero que parece un cruce entre un pato, un castor y una nutria. Tiene características propias de los pájaros, los reptiles y los mamíferos. Su extraña mezcla de adaptaciones es perfecta para su entorno. Una de las características más inusuales del ornitorrinco es que pone huevos como un pájaro o un reptil. Pero es un mamífero porque alimenta a sus crías con leche de su cuerpo.

Los ornitorrincos viven en Australia oriental y pasan gran parte de su tiempo en el agua buscando comida. Se alimentan de gusanos y de insectos. El pico de un ornitorrinco es flexible y gomoso. Las patas palmeadas le ayudan a moverse bajo el agua. Las garras traseras del ornitorrinco son **venenosas.**

Extraño pero cierto

Cuando los científicos descubrieron por primera vez el ornitorrinco, pensaron que era demasiado extraño para ser real. ¡Pensaron que alguien les estaba gastando una broma!

Isla intrigante

Al estar tan **aislada**, la isla de Australia es hogar de algunos de los animales más extraños del mundo. Los uombats, los equidnas, los emús y los coalas son solo algunos de los animales extraños que se encuentran en Australia.

Partes del cuerpo perfectas

El ornitorrinco está perfectamente adaptado a su entorno. Observa detenidamente sus peculiares partes del cuerpo.

El rabo de los ornitorrincos es grueso y plano. Almacena grasa y ayuda al animal a nadar.

El ornitorrinco macho tiene garras venenosas en las patas traseras que pueden provocar una dolorosa herida.

Las patas son palmeadas, lo que le ayuda a impulsarse por el agua.

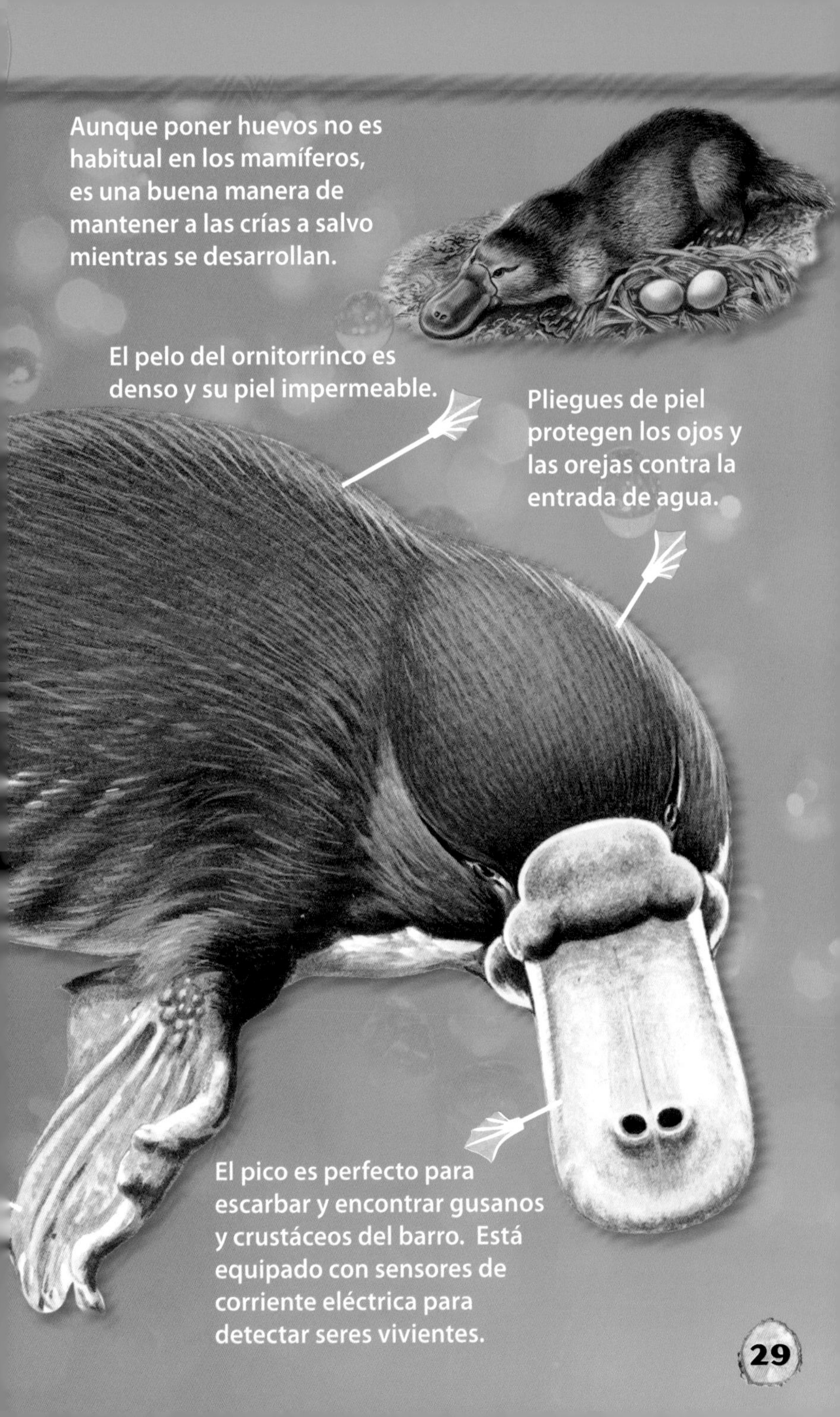
Aunque poner huevos no es habitual en los mamíferos, es una buena manera de mantener a las crías a salvo mientras se desarrollan.
El pelo del ornitorrinco es denso y su piel impermeable.
Pliegues de piel protegen los ojos y las orejas contra la entrada de agua.
El pico es perfecto para escarbar y encontrar gusanos y crustáceos del barro. Está equipado con sensores de corriente eléctrica para detectar seres vivientes.

Ayeaye

Los ayeayes viven en la isla de Madagascar. Estas extrañas criaturas se encuentran a altas alturas en la selva. Prefieren vivir en lo alto de los árboles y pocas veces bajan al suelo. Al igual que muchas criaturas, son activos durante la noche y descansan durante el día.

Los ayeayes tienen adaptaciones especiales que les ayudan a cazar. El tercer dedo de cada mano es largo y delgado Lo utilizan para golpear las ramas de los árboles cuando buscan comida. El sonido al golpear cambia cuando encuentran pequeños insectos que viven en el interior de la rama. Entonces, muerden la rama con sus largos dientes, insertando su fino dedo en el interior para sacar la comida.

Alguna gente cree que el ayeaye es tan extraño que es escalofriante. Cuentan leyendas acerca de que el ayeaye es un demonio. Dicen que puede matar apuntando con su largo y espeluznante dedo.

Cazadores expertos

Los ayeayes y los pájaros carpinteros tienen algo en común. Ambos cazan insectos que viven dentro de los árboles y de las ramas de estos. Los ayeayes utilizan los dedos. Los pájaros carpinteros usan sus afilados picos. Pican la madera para conseguir los insectos que hay en su interior.

Grandes cerebros

El cerebro consume mucha energía. Esto significa que los animales que tienen cerebros más grandes han de emplear más tiempo y energía buscando comida. Pero los cerebros más grandes también facilitan la tarea de encontrar comida. A lo largo del tiempo, muchos animales han desarrollado cerebros más grandes que les permiten llevar a cabo tareas complejas. Los científicos creen que los cerebros más grandes ayudan a los animales a adaptarse a los cambios de manera más rápida. Y parece que hay una gran conexión entre el tamaño del cerebro y la inteligencia.

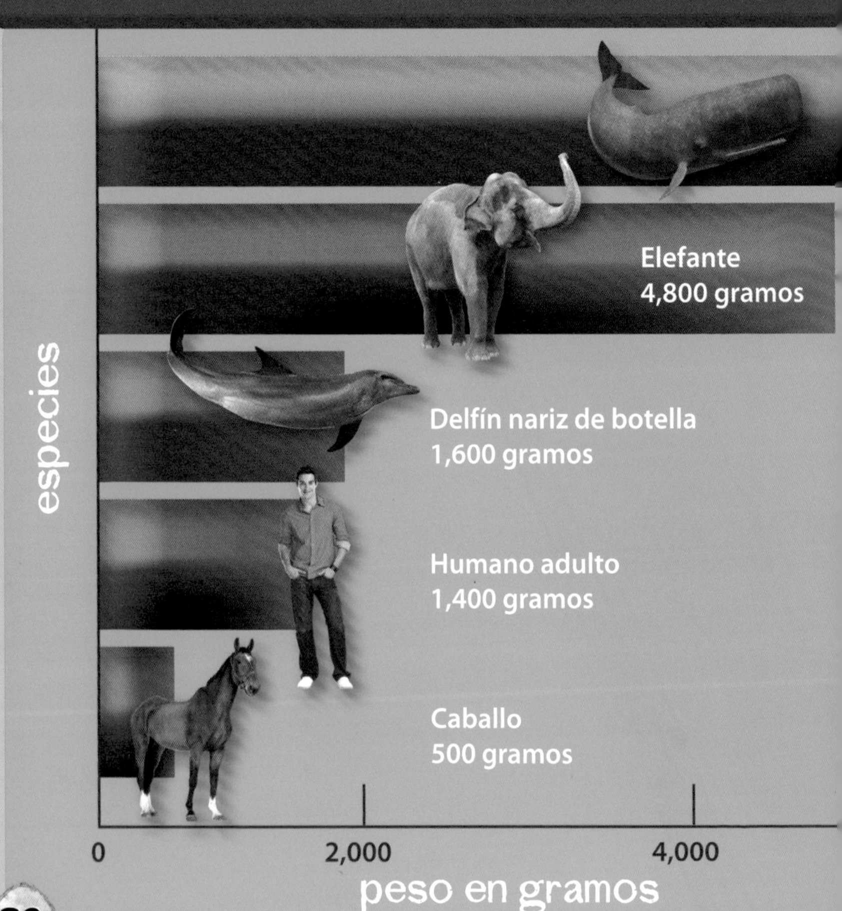

Nota: Un gramo equivale a .0022 libras.

Cachalote
7,800 gramos

¡ALTO! PIENSA...

- ¿De qué manera crees que el tamaño del cerebro está relacionado con la inteligencia?
- ¿Por qué crees que algunos animales tienen éxito con cerebros más pequeños?
- ¿Cómo crees que podemos reconocer la inteligencia en otros animales?

Puede que los humanos no tengan el cerebro más grande, pero sí tienen el más complejo. Nuestro cerebro ha desarrollado el lenguaje, herramientas y otras destrezas que nos ayudan a sobrevivir.

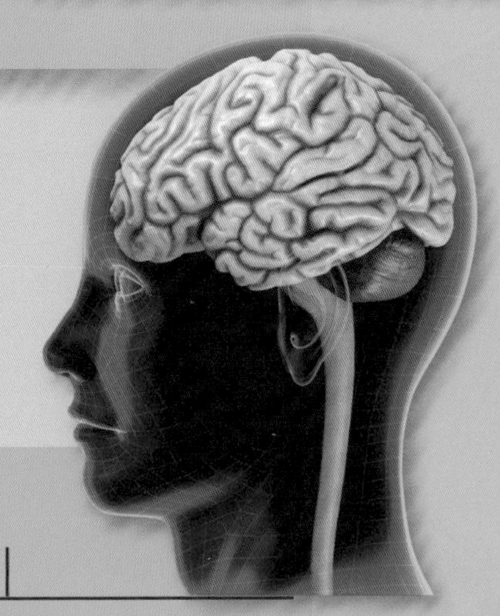

6,000 8,000

Peces estrafalarios

La vida ha existido en el océano durante millones de años. Miles de especies viven en las frías y oscuras aguas varias millas bajo la superficie del océano. La luz del sol no alcanza tan profundo. No hay vida vegetal para comer. En su lugar, dependen de adaptaciones únicas para ayudarles a sobrevivir en este desierto submarino. Viven del **sulfuro** y del **metano**. Comen los **restos** de otras criaturas. Son verdaderos supervivientes.

isópodo gigante

anguila pelícano

rape fantasma

Pez gota

El pez gota no es el pez más bonito del océano. Pero es un pez difícil de olvidar. Este pez con aspecto extraño vive en un **hábitat** peligroso. A miles de pies bajo la superficie del océano, la comida es difícil de encontrar. No tiene otra opción que guardar la energía.

El pez gota está bien adaptado para su mundo. Su cuerpo es gelatinoso y tiene poco músculo. Como su cuerpo es ligeramente menos denso que el agua, el pez gota puede flotar a través de ella. Para apresar su comida, el pez gota simplemente se queda quieto y atrapa a sus presas cuando pasan cerca.

rape

Feo pero útil

El pez gota no es más que uno de los muchos **organismos** de las profundidades del mar que ha desarrollado un cuerpo extraño. El pez gota tiene "cebos" brillantes que atraen a sus presas directamente a su boca. Los peces víbora tienen unos dientes con forma de aguja tan largos que no les caben en la boca. Aunque estas adaptaciones nos parezcan extrañas, son lo que las criaturas necesitan para sobrevivir en lo profundo de la oscuridad azul.

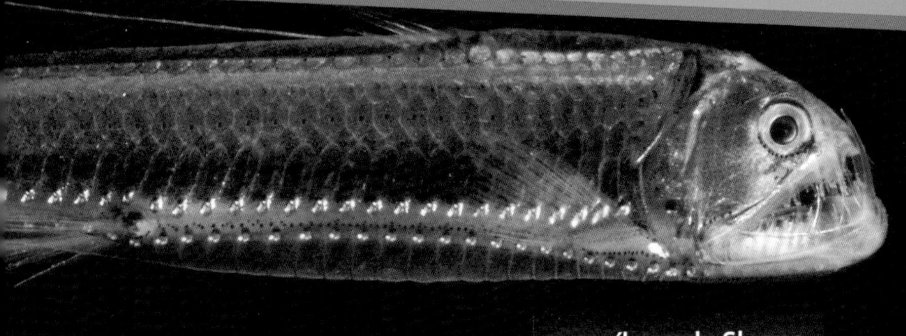
pez víbora de Sloane

Pez duende

El pez duende es uno de los peces menos corrientes de las profundidades marítimas. Sus enormes ojos son perfectos para ver en la oscuridad. Sus ojos tubulares son capaces de pivotar y mirar a través de una cúpula **transparente**. Con esos ojos, el pez duende puede ver presas flotando por encima. Le puede ayudar a captar más luz para una mejor visión. Lo que parecen unos pequeños ojos de mirada malvada en la parte delantera de la cara del pez duende son en realidad órganos del olfato que actúan como orificios nasales.

Gafas protectoras

La cúpula clara sobre los ojos de los peces duende puede también proteger sus ojos de las picaduras de las medusas marinas. El pez duende es capaz de aproximarse y robar la comida que las medusas marítimas capturan con sus tentáculos.

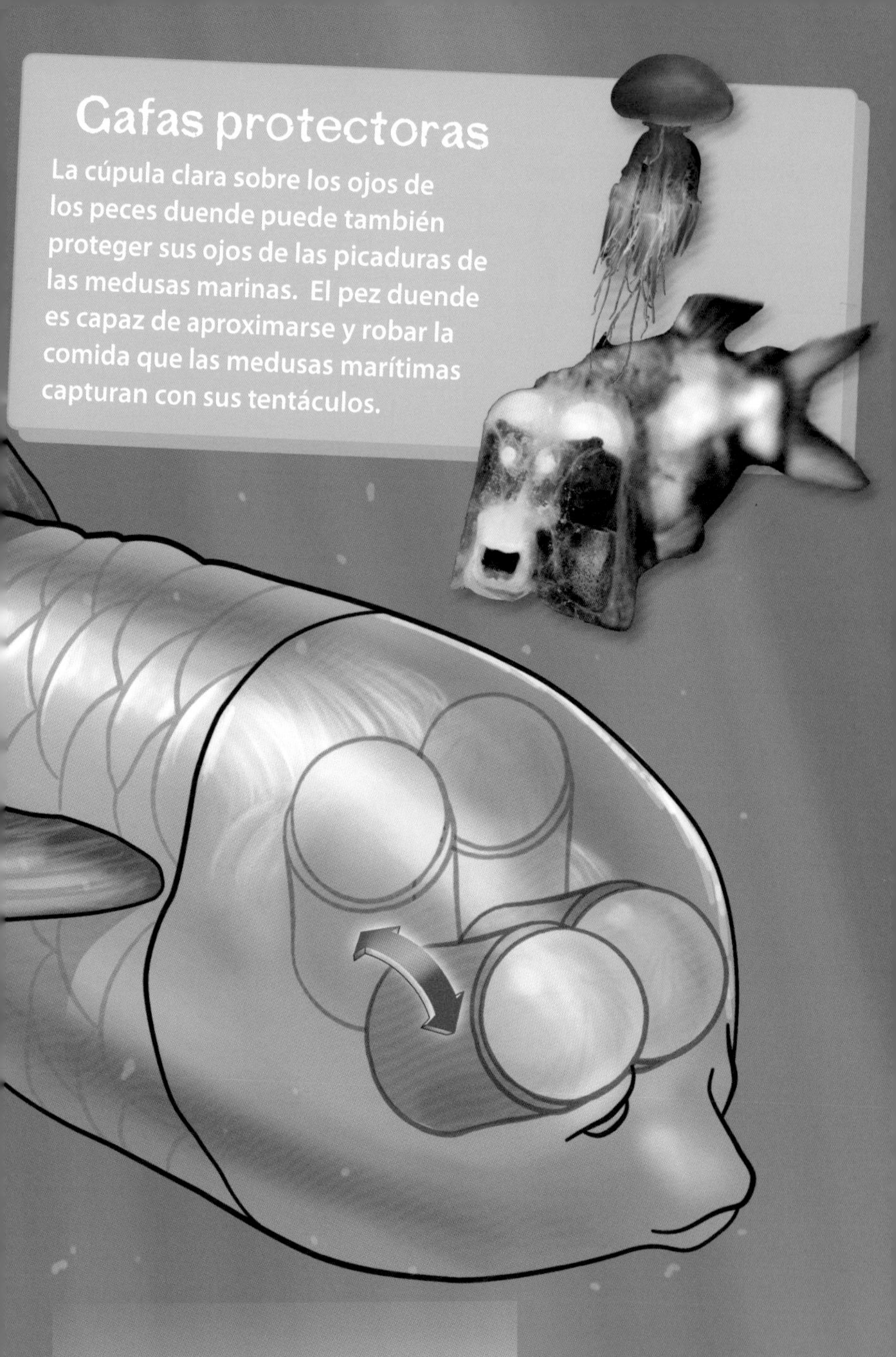

El nombre científico del pez duende es *Oposthoproctidae*.

El poder de la adaptación

Los animales no deciden evolucionar. Las adaptaciones ocurren de manera involuntaria en el **ADN** de una criatura. El ADN es un grupo de instrucciones que se encuentra en cada célula. Esas instrucciones indican a los organismos cómo deben crecer y actuar. Algunos cambios en el ADN hacen más débiles a los animales. Otros los vuelven más fuertes. Un cuello ligeramente más alto puede facilitar la tarea de alcanzar comida. Unos ojos más grandes pueden suponer que sea más fácil encontrar presas. Y unos oídos más grandes pueden ayudar a un animal a oír el peligro y escapar de manera más rápida. A lo largo del tiempo, estos pequeños cambios dan lugar a nuevas especies. Pueden parecer extrañas. ¡Pero para estos extraños animales, estas adaptaciones son la diferencia entre la vida y la muerte!

Las ranas verdes de ojos rojos son buenas trepadoras cuyas patas y dedos están adaptados a su estilo de vida.

La larga y negra lengua de una jirafa le ayuda a alcanzar las hojas que se encuentran a mayor altura.

Glosario

adaptaciones: cambios en un organismo que lo vuelven más capaz de sobrevivir en su entorno

ADN: el material en cada animal que indica al cuerpo cómo ha de crecer y desarrollarse

aislada: sola o alejada de los demás

aposematismo: la utilización de colores para prevenir a los depredadores de la existencia de veneno

artrópodos: animales con cuerpos segmentados, miembros articulados y una caparazón

atrapar: capturar algo sin dejarlo escapar

camuflaje: colorido o forma que ayuda a esconder algo

cianuro: una sustancia tóxica

coloración críptica: un patrón de color en el que la parte superior de algo es más oscura que la inferior

descendencia: los jóvenes de un animal o persona

evolución: el proceso que describe cómo los organismos cambian a lo largo del tiempo

exoesqueleto: una capa protectora dura en la parte exterior del cuerpo de un animal

extraños: raros o fuera de lo común

gastrolitos: pequeñas piedras que se tragan para ayudar en la digestión durante un largo período de tiempo

hábitat: el medio donde viven los organismos

invertebrados: criaturas sin columna vertebral o médula espinal

membrana: una fina, blanda y flexible capa de tejido vegetal o animal

metano: un gas producido por la Tierra y por materia en descomposición

nocturnos: activos durante la noche

organismos: seres vivos

queratina: el material del que se componen las uñas o las garras

restos: lo que sobra

Revolución Industrial: un período de la historia que ocurrió en el siglo XVIII cuando se empezaron a utilizar las máquinas de forma global

sulfuro: un compuesto químico con un fuerte olor que es venenoso para los humanos

tóxico: venenoso

transparente: suficientemente claro para que se puede ver a través

venenosas: que tienen o que producen veneno por protección o para atrapar a una presa

Índice

abejas, 10
adaptaciones, 4–5, 17–18, 26, 30, 34, 37, 40
ADN, 40
anguila pelícano, 35
aposematismo, 15
araña, 6
artrópodos, 6, 14
Australia, 26–27
Australia oriental, 26
ayeaye, 30–31
búhos, 23
caballo, 32
cachalote, 33
camuflaje, 10, 12–14
cangrejo, 6
canguro, 19
castor, 18
cerebro, 20, 32–33
cianuro, 14
coala, 27
crustáceos, 29
delfín nariz de botella, 32
elefantes, 4, 32
emús, 27
equidnas, 27
escarabajo, 16–17
escarabajo Goliat 7
escarabajos rinoceronte, 17
escarabajos tigre, 17
evolución, 4, 8–9
exoesqueleto, 6
gastrolitos, 25
gorgojo jirafa, 16
gusanos, 26, 29
gusanos de tierra, 23
hipopótamos, 22
humanos, 5, 11, 13–14, 17, 19, 24, 32–33
insectos, 6–7, 17, 20, 23, 26, 30–31
invertebrados, 6
isópodo gigante, 34
jirafas, 4, 16–17, 41
león, 13
libélulas, 23

liebre americana, 12
Madagascar, 16, 30
malayo, 24
mamíferos, 18–20, 24, 26, 29
mantis flor, 10–11
mantis flor de orquídea, 11
mantis orquídea rosada, 10
mantis palo, 10
mantis religiosa, 10–11
mariposa del abedul, 8–9
medusas, 39
milpiés dragón rosado, 14–15
nautilo, 13
ninfa de mantis fantasma, 11
nocturnos, 20
ojos, 20, 22–23, 29, 38–40
ornitorrinco, 18, 26, 28–29
pájaros carpinteros, 31
panda rojo, 19
pangolín, 19, 24–25
pez duende, 38–39
pez gota, 36–37
pez víbora, 37
pez víbora de Sloane, 37
ranas, 15, 22
ranas verdes de ojos rojos, 40
rape, 37
rape fantasma, 35
raya venenosa, 12
Revolución Industrial, 8
sabanas africanas, 13
saltamontes, 7
Sureste Asiático, 20
tarsero, 20–21
Tierra, 6–7, 10
uombats, 27

Bibliografía

BishopRoby, Joshua. ***The World of Animals.*** **Teacher Created Materials, 2008.**

Descubre cómo los científicos clasifican los animales, incluyendo a aquellos que son conocidos y los que son extraños.

Chinery, Michael. ***Wild Animal Planet: Birth and Baby Animals.*** **Anness, 2008.**

Este libro compara la vida de insectos, reptiles, pájaros y mamíferos. Los lectores aprenderán cómo distintas especies desarrollan sus destrezas para sobrevivir desde el nacimiento y a lo largo de la etapa adulta.

Collard, Sneed B. III. ***Creepy Creatures.*** **Charlesbridge Publishing, 1997.**

Este libro explora algunas de las razones por las que los animales son de la manera que son. Estos animales no intentan asustarnos a propósito. Solo intentan sobrevivir.

Davies, Nicola. ***Extreme Animals: The Toughest Creatures on Earth.*** **Candlewick, 2009.**

Este libro informativo y divertido describe algunos de las formas de vida más robustas del planeta, desde bacterias que viven en el interior de volcanes hasta criaturas a prueba de aplastamiento de las profundidades de los mares.

Settel, Joanne. ***Exploding Ants: Amazing Facts About How Animals Adapt.*** **Atheneum Books for Young Readers, 1999.**

Este libro describe una variedad de criaturas inusuales que sobreviven hiriendo o matando a otros animales.

Más para explorar

American Museum of Natural History

http://www.amnh.org/ology

Descubre más animales extraños haciendo clic sobre *Biodiversity*. Descarga una guía de campo, juega y explora hábitats inusuales en este museo virtual.

Mr. Nussbaum

http://www.mrnussbaum.com

Haz clic en la sección *Science* próxima a la parte superior. Utiliza el *Insect Generator* (generador de insectos) y un *Mammal Maker* (creador de mamíferos) para juntar diferentes partes de animales corrientes y crear tus propios insectos raros, completados con adaptaciones.

Amazing Animal Senses

http://faculty.washington.edu/chudler/amaze.html

Descubre más sobre cómo los animales utilizan sus sentidos para sobrevivir y experimentar el mundo de formas que el humano solo podría imaginar.

Project Noah

http://www.projectnoah.org

Este increíble proyecto fue lanzado en 2010 con el objetivo de documentar todos los organismos del planeta. Tiene incluso una aplicación móvil para que puedas tomar y enviar fotos desde el teléfono.

Shedd: The World's Aquarium

http://sea.sheddaquarium.org/sea

Este sitio web contiene enlaces hacia clases, actividades interactivas y datos sobre animales de agua, ecología y conservación.

Acerca del autor

Timothy J. Bradley creció cerca de Boston, Massachusetts y pasó todo su tiempo libre dibujando naves espaciales, robots y dinosaurios. Le gustaba tanto que comenzó a escribir e ilustrar libros sobre historia natural y ciencia ficción. Le encanta crear nuevas criaturas basándose en auténticos animales extraños. Timothy también trabajó como diseñador de juguetes para Hasbro, Inc., diseñando dinosaurios a tamaño natural para exposiciones en museos. Timothy vive en el soleado sur de California con su esposa e hijo.